ADOLPHE ADERER

Un Bon Ami

COMÉDIE EN UN ACTE

PRIX : **1** FR. **50**

PARIS

PAUL OLLENDORFF, ÉDITEUR

28 *bis*, RUE DE RICHELIEU, 28 *bis*

1891

BON AMI

COMÉDIE

Représentée sur le Théâtre du Vaudeville, le 21 avril 1891.

DU MÊME AUTEUR :

La Première du Misanthrope, représentée sur
le Théâtre de l'Odéon, en collaboration avec
M. A. Ephraïm.

L'Agneau sans tache, représentée sur le Théâtre de l'Odéon, en collaboration avec M. A.
Ephraïm.

EN PRÉPARATION :

Egmont, pièce adaptée de Gœthe et représentée
sur le Théâtre de l'Odéon.

Imprimerie générale de Châtillon-sur-Seine. — M. PEPIN.

A

MON AMI

ALBERT CARRÉ

V. A.

Il a été tiré à part deux exemplaires sur papier
de Hollande numérotés à la presse.

N° I.

UN
BON AMI

COMÉDIE

EN UN ACTE, EN PROSE

PAR

ADOLPHE ADERER

PAUL OLLENDORFF ÉDITEUR

28 *bis*, RUE DE RICHELIEU, 28 *bis*

—

1891

PERSONNAGES

LA COMTESSE DE BIRAN, 23 ans. Mlle VERNEUIL.
PIERRE DE LIGNY, 35 ans....... MM. PIERRE ACHARD.
PAUL DE VITRAY, 24 ans. ....   BERNY.
UN TÉLÉGRAPHISTE ....   GRISEZ.

———

A Paris, de nos jours.

———

Pour tout ce qui regarde la mise en scène, s'adresser à
M. Darmand, régisseur général au Vaudeville.

BON AMI

La scène représente le boudoir d'un appartement de garçon, richement et artistiquement meublé. — Divans bas. — Tables en peluche. Tapisseries anciennes. — Armes au mur. Souvenirs de voyage, par ci, par là.

SCÈNE PREMIÈRE

Au lever du rideau, la scène reste vide quelques minutes. Au bout de ce temps, une porte de côté s'ouvre. — Entrée de Pierre.

PIERRE.

(Il regarde avec précaution.) Personne encore!... sauvé!... (Il regarde sa montre.) Au reste, il n'est que quatre heures et c'est à quatre heures et demie seulement que mes deux tourtereaux doivent s'ébattre sur mes fauteuils... Je ne sais vraiment où j'ai la tête aujourd'hui; je sors d'ici, ayant l'idée d'aller chez mon notaire pour cette vente de forêts dont il m'a parlé : et ce que j'oublie, ce sont justement les papiers dont j'ai besoin. — Où diable ai-je pu les fourrer, ces papiers ?... Dans ce tiroir, peut-être ?... (Il regarde)...

Non. — Dans cet autre, alors.., Pas encore. — Je serais curieux de connaître, tout de même, l'aimable personne à qui mon ami Paul a donné rendez-vous dans mon appartement... Il est très gentil, mon ami Paul. Mais, franchement, je me fais difficilement à l'idée qu'il peut faire des conquêtes ?... Il est un peu godiche — presque niais. — Enfin ! — Le cœur de la femme est une énigme indéchiffrable... Tout cela ne me fait pas trouver le papier dont j'ai besoin —(chantonnant)... Tu... tu... tu... tu... Rien. — Puisque je suis là, je ne suis pas fâché de voir comment Joseph a exécuté mes ordres. — Voyons. — Les lampes allumées ! Des fleurs sur la cheminée ! — Des bonbons ! Le thé ! La bouillotte sur le feu ; le tête à tête japonais. — Bien !... Un livre !... Je n'avais pas parlé du livre à Joseph. — Ce que c'est que d'avoir un valet de chambre qui se pique de littérature ! et il a pensé que ce livre pourrait à un moment opportun fournir un excellent sujet de conversation à ce pauvre Paul. *Physiologie de l'Amour moderne, par Claude Larcher.* — Peste !... Il n'y va pas de main morte... (Il va du côté de la chambre à coucher et soulève la portière)... Oui, là aussi, tout est en ordre... Sapristi, j'allais oublier une chose essentielle. (Il montre un crochet à boutons, et retrouve en même temps la lettre.) Tiens, ma lettre !... Comment le papier et ce crochet à boutons sont-ils ensemble ?... Ah ! les ménages de garçon... (Il joue avec le crochet à boutons.) Je ne connais pas de situation aussi plaisante que celle d'un homme qui après avoir parlé d'amour, d'étoiles, de ciel bleu, et *de quibusdam aliis* se baisse et s'agenouille pour remettre les boutons d'une bottine... Il est généralement d'un maladroit... Si les bottines sont à lacets, il les casse. Si elles sont à boutons, il s'abîme les doigts... Ayons pitié de Paul..

Si les bottines de Madame X sont à boutons, avec
ce petit instrument, il est sauvé... (On sonne.) — Ce
n'est pas Paul... Il a la clef. Si c'était elle, je serais
bien ennuyé... J'aurais l'air d'être ce que je ne suis
pas, un indiscret... quoique cette aventure pique ma
curiosité... Allons ouvrir, puisque j'ai donné congé
à Joseph.

SCÈNE II

PIERRE, LE TÉLÉGRAPHISTE.

LE TÉLÉGRAPHISTE.

M. Pierre de Ligny...

PIERRE.

C'est moi !...

LE TÉLÉGRAPHISTE.

C'est une dépêche pour vous.

PIERRE, lisant la dépêche tout haut.

« Mon cher ami, tu ne m'oublies pas, n'est-ce
pas?... C'est pour quatre heures et demie... Quand je
pense à ce moment béni, je suis tout à la joie. »

LE TÉLÉGRAPHISTE, chantant.

Ah ! Ah ! Ah :

PIERRE, regardant le télégraphiste.

Cela te fait rire... toi!... gamin. (A part.) Et moi,
aussi !... (Continuant de lire)... « Je compte sur toi »...
Comment il compte sur moi? « sur ton amitié » !
Ah! oui, c'est entendu. » — (se retournant et voyant le
télégraphiste qui regarde ses tableaux.) Eh! bien, qu'est-ce
que tu fais encore là, toi?...

LE TÉLÉGRAPHISTE

Mon Dieu... j'attends !...

PIERRE.

Ah ! c'est vrai !... tiens !...

Il lui donne une pièce de dix sous.

LE TÉLÉGRAPHISTE.

Merci..... Tout de même, c'est rudement gentil chez vous !....

PIERRE.

Ce n'est pas mal, merci... tu es bien aimable !...

LE TÉLÉGRAPHISTE

Vous devez recevoir des femmes, et des jolies femmes, cela se sent...

PIERRE.

Ah ! tu sens cela; toi...

LE TÉLÉGRAPHISTE.

C'est que je vous dirai... Je suis télégraphiste, mais j'ai des visées plus hautes. Ma famille, qui ne voulait pas me garder, m'a mis là dedans... Ma mère avait de grandes protections...

PIERRE.

Ah ! je suis heureux de le savoir, cela pourra me servir.

LE TÉLÉGRAPHISTE.

Peut-être bien : on ne sait pas. Ma mère était la manicure de la maîtresse d'un sénateur du centre gauche...

PIERRE.

Tu dis ? manicure... de la maîtresse...

LE TÉLÉGRAPHISTE.

D'un sénateur du centre gauche... C'est un peu
long... Mais c'est grâce à ce titre que, du temps du
plus grand ministre des postes et télégraphes (Il salue),
M. Granet, j'ai été placé dans son administration...
C'est là que j'attends des destinées meilleures... Et
j'observe...

PIERRE.

Tu observes?...

LE TÉLÉGRAPHISTE.

Oui, j'aime beaucoup voir les personnes qui viennent chercher leurs lettres à la poste restante... C'est
si amusant la poste restante... On y voit des femmes ! Je vous dirai même que j'ai ébauché, un jour,
une petite connaissance avec une ouvrière en den-
telles qui venait là tous les deux jours...

PIERRE.

Ah ! bah !...

LE TÉLÉGRAPHISTE.

Oh ! bien ! je l'ai lâchée — Pas assez de linge, les
ouvrières qui en font... Les femmes du monde ou les
cocottes, il n'y a que cela... Et quand je serai arrivé...

PIERRE.

Arrivé à quoi ?...

LE TÉLÉGRAPHISTE.

Je suis déjà président des jeunes télégraphistes...
J'ai le pied dans l'étrier... Cela me mènera à faire
partie d'un comité électoral... Et quand on fait partie d'un comité électoral, en France, on ne sait pas
où cela vous mène... Qu'est-ce que je veux, moi? avoir
de jolies femmes comme celles qui viennent à la

poste restante... Eh bien! quand on n'est pas riche,
il n'y a que deux métiers qui vous les donnent, acteur ou député...

PIERRE.

Oh! député... J'aimerais mieux acteur à ta place...
Les députés, vois-tu, cela commence à être bien
démodé...

LE TÉLÉGRAPHISTE.

Vous avez peut-être raison... Je réfléchirai...

PIERRE.

Dis donc, tu sais, je ne te retiens plus...

LE TÉLÉGAPHISTE.

Je me retire... Mais si vous avez jamais besoin de
moi, voici ma carte :

PIERRE, lisant.

ANATOLE BAUDU.

Président du syndicat des jeunes télégraphistes
Au siège social: Rue Lepeletier 5 bis...

Rue Lepeletier ! Fichtre...

LE TÉLÉGRAPHISTE.

C'est là qu'est mon bureau... Tous les jours de
quatre à cinq heures.

PIERRE.

Merci bien ! Monsieur le Président, à l'honneur de
vous revoir... (Le télégraphiste sort.) Il est amusant ce
petit bonhomme... Il arrivera. Avec tout cela, quelle
heure est-il? Quatre heures vingt-cinq, et c'est pour
la demie ! Fichtre, il faut déguerpir et au plus
vite... Je ne veux pas que Paul me trouve ici... Il
pourrait croire que je suis resté pour surprendre
son secret... Allons-nous-en!...

Il ouvre la porte et se trouve nez à nez avec une femme.

SCÈNE III

PIERRE, LA COMTESSE.

PIERRE.

Madame de Biran !...

LA COMTESSE.

Monsieur de Ligny !... Ah ! mon Dieu, je me suis trompée... Ce n'est pas ici !... Je suis perdue !...

Elle abat sa voilette.

PIERRE, un peu décontenancé.

Pardonnez-moi, madame !... Il n'y a pas de ma faute !... J'avais oublié une lettre... Je suis revenu le chercher... Il n'est pas encore l'heure !...

LA COMTESSE.

M. de Vitray n'est pas là ?...

PIERRE.

Mais non, madame. — Il n'est pas là. — Je n'y comprends rien...

LA COMTESSE.

C'est moi qui suis arrivée la première...

PIERRE.

Du tout, madame. Vous êtes à l'heure... C'est lui qui est en retard, du moment qu'il n'est pas en avance... Asseyez-vous, je vous prie... Mettez-vous à votre aise... Je m'en vais...

LA COMTESSE, relevant sa voilette.

Il est bien temps, maintenant que le mal est fait...

J'aime mieux que vous restiez, au contraire. — D'abord, si M. de Vitray me fait attendre... je m'ennuierai moins que toute seule... Vous me direz que je pourrais m'en aller... C'est vrai... Mais comment appeler une voiture ?... Je ne veux plus sortir d'ici qu'à la nuit... Et puis, je tiens à vous expliquer. .

PIERRE.

Madame... C'est moi qui ai à m'excuser envers vous d'une rencontre tout à fait involontaire, croyez-le bien... Mon ami Paul de Vitray m'a demandé avec instances de lui prêter pour une après-midi mon appartement. Bien que je n'aime pas, je vous l'assure, rendre des services de ce genre, j'ai consenti à sa demande. J'avais tout préparé moi-même, (A part.) Ce n'est pas vrai, c'est Joseph, mais cela fait bien, (Haut) ... pour que la dame des pensées de Paul, puisque Paul a des pensées, se trouvât ici comme chez elle, et j'étais parti de chez moi bien avant l'heure convenue... En chemin, je me suis aperçu que j'avais oublié un papier important. Inquiet, je suis revenu : vu l'heure je croyais ne rencontrer personne, ou ne trouver que Paul. vous attendant avec impatience... Il n'y avait personne... J'ai cherché. fouillé dans mes tiroirs, un peu longuement... J'ai si peu d'ordre... Enfin, j'avais ce qu'il me fallait et je sortais lorsque je me suis trouvé en face de vous... Vous ne vous imaginez pas conbien je suis confus de ma lenteur et de maladresse... Je vous jure qu'aucun sentiment de curiosité ne m'a poussé et que les choses se sont passées comme je vous le raconte... Je ne vous ferai pas l'injure, je ne me la serai pas à moi-même, de vous promettre par un serment d'être discret ; s'il y a quelque chose qui puisse vous assurer vraiment de mon silence, madame, c'est le chagrin que j'ai d'avoir surpris le secret de votre cœur..

LA COMTESSE, lui tendant la main.

Monsieur de Ligny, vous êtes un galant homme — Je n'ai plus peur. J'ai confiance en vous... Dites donc, monsieur Pierre de Ligny vous êtes étonné de me voir ici chez vous?.,.

PIERRE, souriant.

Vous n'êtes pas chez moi, Madame. — Vous êtes chez mon ami Paul.

LA COMTESSE.

Non ! non ! je suis chez vous... Il est même gentiment arrangé, votre appartement !... Dites-moi, combien en est-il venu ici... de femmes ?...

PIERRE, riant.

Pour Paul... Oh! madame, je vous jure que c'est la première fois...

LA COMTESSE.

Je ne vous parle pas de Paul... Au reste, cela ne me regarde pas... Je ne sais pas pourquoi je vous pose cette question ..

PIERRE.

Je vous dirai, d'ailleurs, que je ne suis installé ici que depuis quelque jours et que...

LA COMTESSE.

Bien ! J'aime mieux cela... après tout. Répondez-moi. Cela doit bien vous étonner, n'est-ce pas, de me voir ici ?...

PIERRE.

Mon Dieu, Madame. je serais impoli pour vous, si

1.

je vous disais que je ne le suis pas, et peu **aimable**
pour mon ami Paul si je vous disais que je le suis.

LA COMTESSE.

Allons! vous ne vous en tirez pas trop mal...

PIERRE.

Il y a une chose cependant que je peux dire, c'est
que je trouve que mon ami Paul a de la chance...
Vraiment, je l'admire d'avoir su trouver le chemin
de votre cœur.

LA COMTESSE.

De mon cœur!...

PIERRE.

Mais je le trouve si bébête de ne pas être là, que
je finirais par vous dire du mal de lui... Et cela serait
mal!. . Cela ne serait pas d'un bon ami... Aussi bien,
il va venir, incessamment comme l'on dit au théâtre...

LA COMTESSE.

A moins qu'il ne fasse relâche, comme on dit aussi,
au théâtre...

PIERRE.

Je ne lui pardonnerais pas...

LA COMTESSE.

Moi non plus!

PIERRE.

Je vous laisse maîtresse de céans.... Madame, je
vous présente mes respects...

LA COMTESSE, lui tendant la main qu'il baise.

Au revoir!...

PIERRE, la regardant.

J'en reviens toujours à ce que je disais.. Il a une
fière chance l'ami Paul !... (A part.) Et il ne le mérite
guère ce grand niais...

II sort.

SCÈNE IV

LA COMTESSE, seule.

Il est fort bien. C'est drôle. Je l'avais vu plusieurs
fois dans le monde. Je ne l'avais pas remarqué. Il
est vrai qu'en habit noir les hommes sont tous les
mêmes, aussi laids. Le veston lui va beaucoup mieux,
oui, beaucoup mieux.... Que doit-il penser de moi, à
cette heure ? Je suis sûr qu'il se dit : « Sapristi ! pourquoi n'ai je pas fait la cour à madame de Biran ? Je
suis beaucoup mieux que mon ami Paul. » Est il
mieux que son ami Paul ? — Je crois que oui. Mais
qu'est ce que cela me fait après tout ? — Il n'est pas
gentil, son ami Paul! dire que c'est moi qui suis ici
et qui attends !.... J'aime mieux ne pas y réfléchir...
Regardons les images.... (Elle ouvre un album de photo-
graphies.) — Tiens ! Pas un seul portrait d'actrice...
Ce n'est pas comme mon frère Jean qui a trente-deux
portraits de mademoiselle Leuder dans son album...
Tiens, une jolie femme !.. Oui, elle est jolie !... Est-
elle mieux que moi ? (Se regardant dans la glace.) Les traits
sont peut-être plus réguliers, mais il y a moins de
physionomie... Ah ! Monsieur Pierre, avec votre air
de ne pas y toucher, vous aussi vous avez votre petite intrigue.. Et elle vient ici sans doute. Elle
s'est assise sur ce divan... Cela me répugne de m'y

asseoir à mon tour... Franchement. Paul aurait bien pu trouver pour notre première entrevue, un endroit que n'eussent pas souillé les maîtresses de ses amis !.. C'est un manque de tact inconcevable !.. Je regrette de n'avoir pas vu ce portrait, en arrivant. J'aurais fait, au moins, une observation à M. de Ligny ! (On entend du bruit à la porte..) Quelqu'un ?...

Elle baisse sa voilette. — Entrée de Paul.

SCENE V

LA COMTESSE, PAUL.

LA COMTESSE.

Ah ! c'est moi !.. vous m'avez fait peur ! Je ne pensais plus à vous.

PAUL.

Combien j'ai d'excuses à vous faire, Madame ! Ce n'est pas ma faute, croyez le bien... Ma mère m'avait emmené au concert de charité des de Vitrolles. Elle ne m'a pas permis de la quitter.

LA COMTESSE.

Vous êtes un excellent fils. Mais vous auriez pu vous dire que vous êtes sûre de la revoir, votre mère... tandis que moi, vous savez bien que je ne suis pas maîtresse de mon temps, comme je le veux. Mon mari le comte de Biran, sans être exigeant, le digne homme, ne me laisse pas aussi libre qu'on pourrait le croire ! Il se trouve que j'ai pu m'assurer une bonne heure dans l'après-midi d'aujourd'hui... Il fallait vous mettre à mes ordres...

PAUL.

C'est ma mère, encore une fois...

LA COMTESSE.

Votre mère, votre mère !. Encore un peu vous
l'auriez amenée ici, madame votre mère...

PAUL.

Oh ! non !

LA COMTESSE.

C'est heureux !.

PAUL.

Et puis elle ne serait pas venue.

LA COMTESSE.

C'est dommage !... Le fait est que lorsque l'on n'a
pas un chez soi, à soi, on ne détourne pas de ses
devoirs une femme comme moi... J'ai accepté le
rendez-vous que vous m'avez donné dans l'appartement de l'un de vos amis. J'ai eu tort. Il me semble
que je suis à l'hôtel. Combien de femmes sont ve-
nues ici avant moi ?... C'est inconvenant...

PAUL.

Vous avez raison. — Je devrais avoir un appartement à moi. — Je m'en inquièterai. Mais d'hier soir,
à huit heures, à aujourd'hui quatre heures, je n'aurais pas eu le temps, convenez en, de louer un appartement, de le faire meubler, tapisser.

LA COMTESSE.

Tout cela, mon ami, ce sont des détails qui ne me
regardent pas. — En un mot, mon cher ami, vous
n'êtes pas débrouillard. — Et quand on n'est pas
débrouillard, on reste tranquille chez soi, avec sa
mère. Vous êtes un bon garçon, un bon fils, mais
vous n'êtes pas débrouillard... Cela, c'est une chose
qui ne s'acquiert pas. On l'a ou on ne l'a pas...

PAUL.

Vous vous moquez de moi!... Vous me faites des reproches que je ne mérite pas, je vous assure... Madeleine, je vous en prie, si nous parlions de notre amour.

LA COMTESSE.

Parlez en, si vous voulez. Pour ma part, je ne suis plus en train aujourd'hui. — Vous avez absolument changé le cours de mes idées.

PAUL.

Qu'est-ce que vous voulez que nous fassions, alors?...

LA COMTESSE, riant.

Par exemple, ce n'est pas à moi de vous le dire!...

PAUL.

Vous n'êtes pas encourageante!...

LA COMTESSE.

C'est vous qui êtes extraordinaire!... Récapitulons un peu si vous voulez. Je m'ennuie chez moi. Je n'ai pas d'enfants à élever, ni à chérir. Mon mari est vieux et il a la vieillesse triste. J'ai essayé de toutes les distractions. Elles m'ont amusé et occupé mon temps : j'en suis lasse, aujourd'hui. Je n'ai plus qu'une occupation et une distraction à tenter : c'est celle que je tente avec vous. Pourquoi non. Parce que, le jour où vous avez valsé avec moi chez les de Vitrolles, mon mari avait été plus désagréable encore que de coutume et que j'étais plus agacée que la veille ou le lendemain. Vous m'avez demandé de venir à mon jeudi. Je vous y ai autorisé. Mon mari aussi vous a autorisé. Vous m'avez dit que vous m'aimiez. Comme vous me l'avez répété, depuis six mois, tous les jeudi à cinq heures, j'ai cru voir dans

cette régularité une preuve de sincérité... Vous m'a-
vez dit que la solitude vous permettait de donner
une plus ample carrière à votre éloquence. Chez moi,
en effet, nous ne sommes pas assez libres. Je vous
ai répondu : « J'irai où vous voudrez. Quand une
femme dit: Où vous voudrez, » cela ne veut pas
dire : N'importe où... Ce n'est pas que cette demeure
ne soit convenable. Elle est même assez gentille
Mais, ce n'est pas un nid à nous, un nid que nous
avons construit, arrangé, disposé, à notre gré. —
Quand j'y arrive, vous n'y êtes pas... J'y trouve votre ami...

PAUL.

Comment cela?

LA COMTESSE.

Oui, il serait trop long de vous expliquer cette
circonstance. Il avait oublié quelque chose, une lettre
ou son pardessus, et comme j'étais en avance et vous
en retard, c'est moi qu'il a trouvée. Et quand vous
arrivez vous nous apportez des excuses ridicules...
Cela m'impatiente. Vous vous étonnez. Et vous me
demandez de vous encourager ! Je venais ici un peu
pour savoir ce qu'on ressent à tromper son mari et
c'est vous qui demandez ce que nous allons faire !...
N'en parlons plus, allez... J'attendrai que votre édu-
cation ait été complétée.....

PAUL.

Mais, Madeleine...

LA COMTESSE.

Tenez ! faites-moi un peu de thé!... C'est tout ce
que je vous demande pour l'instant...

PAUL, hésitant.

Du thé !...

LA COMTESSE.

Mais oui .. Il y a tout ce qu'il faut... Votre ami est homme de précaution, lui...

PAUL.

Dame ! il n'est pas amoureux, lui !. .

LA COMTESSE.

Qui sait ?...

PAUL, se brûlant et laissant tomber la bouillotte.

Aïe !

LA COMTESSE.

Que vous arrive-t-il encore ?

PAUL.

Cette bouillotte est pleine d'eau chaude ?...

LA COMTESSE.

Naturellement... pour faire infuser le thé, il faut que l'eau soit chaude.

PAUL.

On pourrait le dire...

LA COMTESSE.

Comme vous êtes empêtré, embarrassé, mon pauvre ami !... Allons, laissez cela... Demandez à madame votre mère comment on prépare le thé... pour une dame qui vous en demande... Cela pourra vous servir dans la vie...

PAUL.

Tout tourne contre moi... Vous y mettez une mauvaise volonté...

LA COMTESSE.

Vous avez bien dit cela... Mais, je n'y puis rien... (Ouvrant l'album)... Dites-moi, vous connaissez cette femme ?

PAUL.

Non... Elle est jolie...

LA COMTESSE.

C'est mon avis... Allons, vous faites le discret...
Mais votre ami, à qui vous racontez toutes vos aventures, a dû vous parler d'elle...

PAUL.

Jamais...

LA COMTESSE.

Il est plus malin que vous alors. Je m'en doutais...
Alors vous ne pouvez me dire quelle est cette femme...

PAUL.

Non.

LA COMTESSE.

Vous ne connaissez rien...

PAUL.

Je ne peux pas connaître toutes les femmes...

LA COMTESSE.

Entre connaître toutes les femmes et connaître
celle de votre ami, il y a une différence... C'est généralement les femmes de ses amis que l'on connaît
d'abord...

PAUL.

En quoi peut-elle vous intéresser ?

LA COMTESSE.

Est-ce que je sais? Elle m'intéresse parce qu'elle
m'intéresse... J'ai bien eu la curiosité de venir ici,
sur votre appel... Je peux bien avoir celle de connaître quelle femme y est venue avant moi.

PAUL.

Jamais je n'ai reçu personne...

LA COMTESSE, souriant.

Je m'en doute bien un peu...

PAUL.

Non, Madeleine... Je n'ai jamais aimé que vous...
Je vous aime d'un amour... d'un amour extraordinaire... désintéressé, loyal... Le jour où je vous ai
vue pour la première fois...

LA VICOMTESSE.

C'était à L'Epatant !...

PAUL.

C'était à l'Épatant ! Je me suis dit : Paul, tu n'ai-
meras jamais que cette femme.

LA COMTESSE.

Vous avez eu bien tort de dire cela... Je suis trop
franche pour vous dire que j'ai une pensée analo-
gue... Je suis trop franche aussi pour ne pas vous
dire que pendant que vous me faisiez attendre, toute
seule, ici, j'ai beaucoup réfléchi... Je me suis dit que
nous faisions tous deux une folie... Vous avez des devoirs à remplir... comme fils... Je ne peux pas les
entraver.. Restons séparés... Supposons que nous
avons fait un rêve...

PAUL.

Un rêve, en effet...

LA COMTESSE.

Et restons-en là... Vous n'êtes pas installé com-
modément... Si cet appartement eût été le vôtre,
encore...

PAUL.

Je puis en louer un...

LA COMTESSE.

Il est trop tard... Restons bons amis et oublions...
ce qui aurait pu arriver... Vous allez chez madame
de Luçay vendredi... Je vous demande votre première valse... Maintenant adieu...

PAUL.

Mais c'est une plaisanterie.

LA COMTESSE.

Non! non! vous me désobligeriez en insistant.

PAUL.

Madeleine!

LA COMTESSE.

Oubliez ce nom et dites-moi adieu.

PAUL.

Souffrez que je vous accompagne.

LA COMTESSE.

Ne faites pas cela... Si vous voulez me faire plaisir,
vous partirez le premier... Votre mère doit vous attendre : il ne faut pas qu'elle s'impatiente... Si, de
plus, on vous voit sortir derrière moi, on se doutera
que vous étiez avec moi... tandis que si je sors après
vous, ce n'est pas la même chose...

PAUL.

Vous croyez.

LA COMTESSE.

J'en suis sûre...

PAUL.

Mais... vraiment...

LA COMTESSE.

Il n'y a plus à y revenir, la cause est jugée...

PAUL.

Alors... je vous demanderai une dernière chose.

LA COMTESSE.

Encore ?...

PAUL.

Pierre m'a bien recommandé lorsque nous partirions, de laisser une bougie allumée. C'est une manière de lui dire que nous sommes partis...

LA COMTESSE.

Drôle d'idée ! Eh bien ! soit, j'allumerai la bougie... Je ne veux pas que votre ami reste dans la rue à se morfondre et... s'imagine des choses qui ne seraient pas... Allez ! allez ! soyez tranquille... Adieu... A vendredi, chez madame de Luçay...

PAUL.

Je n'ai jamais été si malheureux...

LA COMTESSE, à part.

Maladroit, oui !...

Il sort.

SCÈNE VI

LA COMTESSE, seule.

Comme on se trompe tout de même !... J'étais venue ici pour faire une folie... Je vois que cette folie eût été une bêtise !... Que c'est triste la vie pour les gens heureux ! car enfin, me voici de nouveau esseulée dans la vie, n'ayant pour compagnon qu'un vieux mari, ennuyeux et ennuyé... (Un temps.) Il faut que je me conforme aux instructions de monsieur de Vitray... Je ne l'appelle plus Paul... (Elle allume la bougie et la met près de la fenêtre.) Le fait est que si Monsieur Pierre attend dans la rue notre départ... Oh! cela n'est guère possible... Il doit être en ce moment chez sa femme blonde... (Elle regarde le portrait de l'album)... Elle est jolie décidément !... Il a raison, après tout. Il est libre... Quand je pense que s'il songe à moi, en ce moment, ou à nous, il s'imagine des choses... S'il savait ce qui s'est passé, je suis sûre qu'il se moquerait de monsieur de Vitray... Il aurait raison... Décidément c'est un maladroit... J'étais de mauvaise humeur, c'est vrai... mais peut-être qu'avec de l'habileté, il en aurait eu raison... Mais il est vraiment trop gauche, trop nul, disons le mot... N'y pensons plus... C'est fini — et bien fini — Cela vaut peut-être mieux. — Et maintenant, partons... (Regardant la chambre.) Je ne reviendrai plus ici. On n'y est pas mal après tout ; c'est gentil. On passerait des heures charmantes, ici, en tête à tête... C'est frais, c'est chaud... Adieu, petit nid... franchement tu mérites mieux que... l'entrevue dont tu viens d'être témoin...

Elle va pour sortir : la porte s'ouvre.

SCÈNE VII

LA COMTESSE, PIERRE.

PIERRE.

Oh! Madame, pardonnez-moi, mais je vous croyais partie !... Vous êtes seule !...

LA COMTESSE.

Je partais en effet. Il me semble que vous auriez pu être un peu moins pressé... Peut-être avez-vous besoin, vous aussi, de votre appartement ?

PIERRE.

Oh ! Madame ! pouvez-vous croire !...

LA COMTESSE.

Je me mêle d'ailleurs de ce qui n'est point mon affaire. (Un temps). Vous me regardez d'une singulière façon ? Est-ce que j'aurais quelque chose d'extraordinaire ?

PIERRE.

Ah ! vous avez fait du thé.

LA COMTESSE, souriant.

Oui ! j'ai demandé à votre ami Paul une tasse de thé. Il n'a pas su me la donner.

PIERRE.

Comment ! Ah ! le maladroit !...

LA COMTESSE.

Oh ! oui !...

PIERRE.

J'avais pourtant tout préparé. Je suis désolé. En voulez-vous une tasse ? Avant de partir cela vous réchauffera.

LA COMTESSE.

Ma foi ! cela n'est pas de refus.

PIERRE.

Ce sera vite fait... un peu d'eau bouillante, s'il y en a : il y en a. C'est de la chance... Je verse. Voulez-vous, Madame, avoir la bonté de prendre un peu de sucre... (Il lui tend le sucrier.) Otez donc vos gants.

LA COMTESSE.

D'autant plus que je ne les ai pas encore ôtés de l'après-midi. (Pierre fait un signe d'étonnement.) Pas plus que mon chapeau... pas plus que mon manteau. Cela vous surprend ? Il en est ainsi.

PIERRE.

Mais je vous en prie, débarrassez-vous donc.

LA COMTESSE.

Bonne âme ! Après tout, j'ai du temps devant moi
Elle enlève son chapeau et son manteau.

PIERRE.

Oh! la jolie taille ! Et les beaux cheveux !...

LA COMTESSE.

Que vous êtes banal !

PIERRE.

Je ne puis complimenter que ce que je vois !...

LA COMTESSE.

Allons ! taisez-vous et servez-moi !...

PIERRE. (Il lui tend la tasse.)

Prenez garde ! Il est peut-être un peu chaud.

LA COMTESSE.

Un peu de lait ?

PIERRE.

En voulez-vous encore ?

LA COMTESSE.

Non! merci. Cela pourrait m'agiter. — Je suis sûre que vous ne croyez pas un mot de ce que je viens de vous dire. Vous voyez cependant que M. de Vitray est parti très vite.

PIERRE, riant.

Je pourrais vous répondre comme Alceste au faiseur de sonnets :

Le temps, madame, ne fait rien à l'affaire.

LA COMTESSE.

Vous êtes ennuyeux ! Je vous dis que votre ami Paul s'en est retourné Grosjean comme devant. Pensez donc ! Un homme qui ne sait pas faire une tasse de thé !

PIERRE.

C'est impardonnable !...

LA COMTESSE.

Et puis, vous savez comme il était en retard. — Savez-vous ce qu'il m'a dit pour s'excuser : — Ma mère m'a retenu. (Pierre rit.) Vous riez, sans cœur !...

PIERRE.

Aussi bien, ce n'est pas de vous que je ris !... Il me semble que je vois Paul empêtré dans sa bouillotte ! Oh ! il n'est pas très dégourdi, mon ami Paul ! Je vous assure que je n'aurais jamais cru qu'il fût né pour une bonne fortune, aussi belle que celle qui l'attendait ici. Il n'a vraiment pas la tête de l'emploi !... Il est gentil, bon garçon.. Mais comme don Juan, je le tiens médiocre !... Je le vois plutôt en mari.

Ils rient

LA COMTESSE.

Ah ! vous arrangez bien vos amis ! Allez ! allez !...

PIERRE.

Vous croyez peut-être que je cède à un petit mouvement de secrète jalousie. Il serait bien pardon-

nable : vous êtes si jolie ! Mais ce n'est point cela !
Mon ami Paul est un bon garçon. C'est même un très
bon garçon. Mais il n'est pas du tout votre affaire !...
Cela me faisait presque du chagrin, tout à l'heure,
pour vous, de vous laisser avec lui... Il n'a aucune
des qualités nécessaires pour vous rendre heureuse.
— Qu'est-ce que vous voulez surtout ? vous distraire,
vous désennuyer, occuper votre esprit et votre cœur.
Il vous faut un homme gai, amusant, tendre même,
un homme qui connaisse un peu mieux la vie que
notre ami Paul, un homme installé, qui ait son chez
soi et un chez soi confortable...

LA COMTESSE.

Je vous vois venir. Votre raisonnement est bien
simple... Vous vous dites : Voilà une petite femme
assez gentille qui, après avoir tenté d'ébaucher un
roman avec mon ami Paul, y a renoncé. Son cerveau
et son cœur sont libres ! Si je prenais la place. Je
suis aussi bien, sinon mieux que mon ami Paul. Je
suis gai, aimable, amusant, tendre même ! Je suis
bien installé ! J'ai un chez moi ! un chez moi confortable. Allons-y !...

PIERRE, sérieux, affecté.

Oh ! Madame ! vous me croyez capable de tromper
un ami ! Ce serait une chose indigne !...

LA COMTESSE.

J'ai bien été sur le point de tromper mon mari !

PIERRE.

Ce n'est pas la même chose !..

LA COMTESSE.

Je trompe mon mari ; vous trompez votre ami. Ils
sont quittes.

2

PIERRE.

Eh bien! non!... Rassurez-vous!... (Riant.) Je ne vous ferai point la cour!...

LA COMTESSE, avec une petite moue.

Ah! du reste, vous perdriez votre peine!... Vous comprenez bien que je suis guérie pour quelque temps.

PIERRE.

... Oui, pour quelque temps.

LA COMTESSE.

Dites donc, vous frisez l'insolence!...

PIERRE.

C'est par intérêt pour vous ce que j'en dis!... Une gentille petite femme comme vous, c'est dommage vraiment de la voir aux mains d'un grand dadais...

LA COMTESSE.

Faute de grives...

PIERRE.

Quand cela ne serait qu'au point de vue de l'art, vous méritez mieux que cela...

LA COMTESSE.

Vous êtes bien bon!... (Autre ton.) Dites donc. vous l'aimez bien?

PIERRE.

Qui cela, Paul?

LA COMTESSE.

Non : elle!...

PIERRE.

Qui, elle?. .

LA COMTESSE.

La jolie femme dont j'ai vu le portrait dans cet album.

PIERRE, à part.

Tiens ! tiens !

LA COMTESSE.

J'ai pensé que, si cet album était sur une table, on pouvait l'ouvrir et je l'ai ouvert. Je vous fais mes compliments... Elle est fort jolie... Franchement la trouvez-vous plus jolie que moi ?...

PIERRE.

Ce n'est pas le même genre....

LA COMTESSE.

Bien, je comprends... Elle est plus jolie !... Elle habite Paris ?

PIERRE.

... C'est toute une histoire... un roman plutôt... Il y a de cela six ou sept ans... (La vicomtesse fait un mouvement)... Rassurez-vous, cela ne sera pas long. J'allais de Passau à Pesth par le Danube... Je me trouvai sur le bateau en face d'une femme... Cette femme... j'eus l'occasion, à Linz, de lui rendre service... Elle ne savait pas l'allemand... C'était une Russe qui s'en allait à Bucharest... Elle me raconta toute sa vie, une vie de larmes et de chagrins... Arrivé à Pesth, avant de la quitter, je lui demandai un souvenir des deux jours que j'avais passés auprès d'elle... Elle me donna son portrait... Elle ne voulut me dire ni son nom ni son adresse en Russie...

LA COMTESSE, après un silence.

Et vous ne l'avez jamais revue.

2.

PIERRE.

Jamais!... Un soir, à Paris, j'ai reçu un mot de
Nice ainsi conçu : « Venez dire adieu à une amie qui
meurt... » Quand je suis arrivé, elle n'existait plus...
J'appris alors qu'elle était la femme d'un haut di-
gnitaire de la cour de Russie, qui l'avait rendue fort
malheureuse.

LA COMTESSE.

Vous êtes un peu romanesque ! Cela m'étonne pour
un homme aussi fort, aussi sûr de lui-même que
vous l'êtes.

PIERRE.

Je ne me donne pas pour plus fort qu'un autre. Je
n'envie pas, je vous l'assure, l'impassibilité de ceux
ou de celles qui se sont fait une cuirasse contre toute
tendresse, contre toute émotion sentimentale. Je ne
fais pas des ballades à la lune ni des vers aux étoiles ; mais je crois qu'il y a autre chose dans la vie
que le libertinage des sens ou de l'imagination. J'ai
considéré avec amour des fleurs séchées et des bouts
de rubans. Le roman, c'est l'art de l'amour ; le plaisir ce n'en est que la vie ; la vie est souvent sèche
brutale, positive, tandis que l'art, il est aussi élevé
que nous le faisons. En un mot, je n'aime pas la
femme uniquement en égoïste, pour moi seul. Je tâ-
che de lui rendre un peu du bonheur qu'elle me
donne ; et j'ai plus de joie encore de son bonheur
que du mien.

LA COMTESSE.

Vous êtes admirable.

PIERRE.

Vous allez me rendre fat !...

Un temps.

LA COMTESSE.

Si je vous demandais de déchirer cette photogra-
phie, le feriez-vous?...

PIERRE, la regardant.

Mais non, je ne le ferai pas. Pourquoi le ferais-je?...

LA COMTESSE.

Elle n'a pourtant pas été votre maîtresse...

PIERRE.

C'est pour cela... le bonheur qu'on a goûté, on
l'oublie... Celui qu'on croit avoir manqué, on y
pense toujours...

LA COMTESSE.

Si je vous en priais... bien... en vous disant que je
suis jalouse de cette femme...

PIERRE.

Je me dirais que la comtesse de Biran se donne le
plaisir de jouer avec mes sentiments, qu'elle veut
voir jusqu'où ira ma lâcheté... et qu'elle me mépri-
serait, si je lui cédais!...

LA COMTESSE.

Vous avez de la tête et du sang-froid... Allons.
C'est très bien. Fidèle au souvenir d'une femme entrevue seulement, respectueux des devoirs de l'amitié, tout cela est fort beau... Je m'en vais...

PIERRE.

Vous m'avez dit tout à l'heure que vous aviez du
temps devant vous.. Vous n'êtes pas pressée!...

LA COMTESSE.

C'est vrai! Pourquoi serais-je pressée de rentrer
chez moi?... Je m'y ennuie tant... Il faut que je m'y
ennuie bien puisque j'avais donné rendez-vous à
votre ami Paul...

PIERRE.

Il est si gentil !...

LA COMTESSE.

Oh ! vous pouvez le défendre maintenant ! Après ce
que vous m'avez dit, c'est l'achever. (s'asseyant.) Je
suis sûre que je vous dérange. Je devrais être partie, depuis une demi-heure au moins !... Et je suis
encore ici à vous écouter, et je ne peux me décider
à partir !... Je ne sais vraiment ce que j'ai...

PIERRE.

C'est de sa faute...

LA COMTESSE, d'un air interrogateur.

Ou de la mienne ?... J'ai été trop dure envers lui !...
Si je lui écrivais que... je lui pardonne, et que je
l'attendrai ici demain, à la même heure !... Qu'en
pensez-vous ?...

PIERRE, réprimant un mouvement de dépit.

Je n'ai pas de conseil à vous donner !...

LA COMTESSE.

Ah! tenez! vous êtes agaçant. Vous voyez que je
me débats au milieu de sentiments confus et con-
tradictoires que je ne m'explique pas moi-même. On
dirait que vous prenez un secret plaisir à me tortu-
rer!... Je suis bien malheureuse!... Je n'ai rien qui
m'attache à la vie !... J'ai eu l'air de plaisanter tout
à l'heure, mais je n'ai pas envie de rire, je vous l'assure. J'aurais plutôt envie de pleurer...

PIERRE.

Madame!...

LA COMTESSE.

Mais oui! Que voulez-vous que je devienne? Que

voulez-vous que je fasse, quand je vais me retrou-
ver tout à l'heure, avec moi-même, chez moi? J'au-
rai honte de moi, et, gratuitement, ce qui est encore
plus désagréable!... Je n'ai pas de tendres souvenirs, moi, comme vous! Il n'y a pas de roman dans
ma vie! Pas le plus mince bout de ruban ; pas la plus
petite fleur séchée. Pourvu, mon Dieu, que le vertige
ne me prenne pas et que je ne fasse pas comme tant
d'autres, qui, par désœuvrement ou désespoir, car
on ne le sait jamais bien au juste, tombent dans les
bras du premier venu, parce qu'il a la moustache en
croc ou la démarche élégante !... Ah! mon Dieu !
mon Dieu! que je suis donc malheureuse!...

Elle pleure dans son mouchoir.

PIERRE, s'approchant et lui prenant la main.

Pauvre femme! Ah! pourquoi diable cet animal de
Paul, oh! pardon, s'est-il adressé à mes bons offices
pour vous voir...

LA COMTESSE, aimable.

Je ne le regrette pas... moi.

PIERRE.

Ne vous moquez donc point !...

LA COMTESSE.

Quand je suis entrée dans ce petit appartement, je
me suis figurée, pourquoi je n'en sais rien ? qu'il
était habité par un homme moins banal, moins con-
venu, que ceux que j'ai rencontrés jusqu'ici... Depuis
que je cause avec vous, j'en suis sûre...

PIERRE.

Ah! si vous étiez venue pour moi !...

LA COMTESSE.

Tenez-vous donc à ce que j'y revienne pour votre

ami Paul?... car, c'est ainsi que cela finira, tout cela.
Je le prévois!...

PIERRE.

Eh bien non !... vous n'y reviendrez pas pour mon
ami Paul... Je lui dirai que mon appartement
n'est pas libre... que j'en ai besoin... Je lui dirai
n'importe quoi... Mais, je ne pourrais me faire maintenant à l'idée que vous parlez d'amour ici avec
quelqu'un...

LA COMTESSE.

Vous souffririez ?

PIERRE, sérieux,

Je souffrirais.

LA COMTESSE.

Eh bien, je n'y reviendrai point... Adieu !

PIERRE.

Adieu ?

LA COMTESSE.

Adieu ! ..

PIERRE, se précipitant.

Et, si, au mépris de tous les liens d'amitié, oubliant Paul, oubliant tout, ne consultant que moi-
même, que mon cœur qui me dit d'aller à vous, je
vous disais : Revenez ici pour moi... Revenez dans
ce petit nid, qui vous plaît, vous y trouverez l'ami,
sûr, que vous cherchez. . Me mépriseriez-vous ?

LA COMTESSE.

Vous mépriser ?... Moi qui lui dis depuis une heure
que je n'ai jamais aimé que lui !

Il se jette à ses pieds et lui prend les mains qu'il embrasse

Rideau.

Imprimerie générale de Châtillon-sur-Seine. — M. PEPIN.

9 782329 654911